Ilka Scheidgen

Zu Besuch bei Zsuzsa Bánk und Peter Härtling

Ilka Scheidgen

Zu Besuch bei Zsuzsa Bánk und Peter Härtling

Bibliografische Information der Deutschen Nationalbibliothek:
Die Deutsche Nationalbibliothek verzeichnet diese Publikation in der Deutschen Nationalbibliografie; detaillierte bibliografische Daten sind im Internet über http://dnb.dnb.de abrufbar.

TWENTYSIX – Der Self-Publishing-Verlag
Eine Kooperation zwischen der Verlagsgruppe Random House und BoD – Books on Demand

© 2017 Ilka Scheidgen
© 2017 Ilka Scheidgen für alle Fotos

Herstellung und Verlag:
BoD – Books on Demand, Norderstedt

ISBN: 978-3-740726966

Inhalt

Einleitung   8

Zsuzsa Bánk

Biografisches   10

Mein Besuch bei Zsuzsa Bánk   11

Danach   44

Peter Härtling

Biografisches   48

Mein Besuch bei Peter Härtling   50

Danach   78

Aktuell   83

Pressestimmen   88

Einleitung

Mehr als eine Generation trennt die Schriftstellerin Zsuzsa Bánk und den Schriftsteller Peter Härtling voneinander.

Und doch verbindet sie eine ganze Menge miteinander. Nicht nur, dass sie in Frankfurt am Main und er sozusagen in einem „Vorort" von Frankfurt leben.

Peter Härtling wurde während seiner Kindheit und Jugend immer wieder aus seinem Lebensumfeld vertrieben, so dass für ihn das Thema Wanderschaft zur prägenden Metapher seiner Dichtung wurde.

Zsuzsa Bánk wurde zwar in Deutschland geboren, aber als Kind geflüchteter Ungarn, die nach dem ungarischen Volksaufstand 1956 nach Deutschland gekommen waren.

Was Vertreibung, Flucht, Integration in einem zunächst fremden Land betrifft, haben beide erfahren und machen es zum Thema ihrer Bücher.

Insofern ist die Beschäftigung mit ihnen – abgesehen von anderen Aspekten innerhalb ihres jeweiligen Werkes – hochaktuell.

Zsuzsa Bánk

Zsuzsa Bánk wurde am 24. Oktober 1965 in Frankfurt am Main als Tochter ungarischer Eltern geboren, die nach dem Ungarnaufstand 1965 nach Deutschland geflüchtet waren. Sie studierte Germanistik, Publizistik und politische Wissenschaften in Mainz und Washington. Sie arbeitete vor ihrem Studium als Buchhändlerin und danach als Wirtschaftredakteurin. Ihre literarische Laufbahn begann Zsuzsa Bánk mit Kurzgeschichten für Anthologien. Als der Fischer Verlag Interesse bekundete, von ihr einen Roman zu veröffentlichen, kündigte sie ihren Job, um sich ganz der Arbeit an ihrem ersten Roman zu widmen.

Ihr Debütroman 'Der Schwimmer' wurde sofort zu einem großen Erfolg. Er wurde 2002 mit dem Aspekte-Literaturpreis und dem Literaturförderpreis der Jürgen-Ponto-Stiftung ausgezeichnet. 2003 erhielt Zsuzsa Bánk den Deutschen Bücherpreis und den Bettina-von-Arnim-Preis, 2004 den Adalbert-von-Chamisso-Preis. 2005 erschien ihr Erzählband „Heißester Sommer".

Zsuzsa Bank lebt mit ihrem Mann und zwei Kindern in Frankfurt am Main.

Mein Besuch bei Zsuzsa Bánk

An einem hochsommerlichen Julitag fahre ich nach Frankfurt am Main, um die Schriftstellerin Zsuzsa Bánk zu besuchen. Es ist die passende Jahreszeit für unser geplantes Gespräch, evozieren doch die Titel ihrer beiden Bücher geradezu diese flirrende Hitze, die überall im Land herrscht.

‚Heißester Sommer' heißt ihr zuletzt erschienener Band mit Erzählungen und ‚Der Schwimmer' ihr Debütroman, der sie sogleich in die erste Liga der Gegenwartsautoren hineinkatapultierte.

Im so genannten Dichterviertel im Frankfurter Nordwesten wohnt Zsuzsa Bánk. Die Straßen mit alten Villen, grünen Vorgärten und schattenspendenden Laubbäumen tragen Dichternamen. Seit eineinhalb Jahren wohne sie hier, erzählt mir Zsuzsa Bánk kurz nach der Begrüßung. Sie und ihr Mann hätten lange nach einem passenden, größeren Zuhause gesucht für ihre Familie, besonders für ihre beiden Kinder.

Schön haben sie es hier in der unteren Etage einer Jahrhundertwendevilla mit hohen großzügigen Räumen und einer schattigen Terrasse, die zum Garten führt.

Mitten im Raum steht ein Dreirad, aber Kinderstimmen sind nicht zu hören. Die fast dreijährige Luise sei im Kindergarten und für den eineinhalbjährigen Sohn Friedrich habe sie vor ein paar Wochen einen Platz in einer Krabbelgruppe gefunden, erzählt Zsuzsa Bánk.

Das ermögliche ihr endlich wieder ein ungestörtes Arbeiten. Und wir können unser Gespräch ebenfalls ungestört führen.

Lesen war schon immer ihre Leidenschaft, auch das Schreiben, aber zuerst nicht gleich als literarische Disziplin, mehr ‚Fingerübungen' in Form von Briefen, Tagebuchaufzeichnungen, Gedichten zum Verschenken.

Zsuzsa Bánk hat ihr Talent, ihr Gespür für Sprachrhythmus und Sprachklang, lange reifen lassen, um dann 2002 mit ihrem Debütroman 'Der Schwimmer' ein makelloses, vor allem aber ein sprachlich absolut eigenständiges Werk vorzulegen, das mit zahlreichen Preisen bedacht wurde.

Schon mit dem ersten Kapitel des damals gerade in Angriff genommenen Romans erlangte sie Aufmerksamkeit und gewann bei Wettbewerben, u.a. beim Open Mike in Berlin-Pankow, einer Art Talentschmiede mit entsprechender Aufmerksamkeit von Verlagen, die das neue Talent Zsuzsa Bánk auch gleich umwarben. Bánk entschied sich für den S. Fischer Verlag, von dessen Verlagshaus in der Frankfurter Hedderichstraße die junge Autorin nur zwei Straßen entfernt wohnte.

Als Bánk mit dem ‚richtigen' Schreiben begann, arbeitete sie noch als Wirtschaftsredakteurin bei der Deutschen Bank, hatte ein gesichertes

Einkommen und einen geregelten Tagesablauf. Doch je mehr sie sich hineinbegab in die Welt des Schreibens, desto mehr wurde ihr klar, dass sie das nicht nebenbei machen konnte. Sie gab ihren Beruf auf, um sich ganz dem Schreiben widmen zu können.

Denn da war dieser Stoff, den sie in sich trug, der zu einem Ganzen werden sollte und musste: Eine Geschichte, die in Ungarn, im Land ihrer Eltern und der zahlreichen Verwandtschaft spielte, dem Land, in dem sie als Kind immer ihre Sommerferien verlebt hatte und das, wie sie erzählt, so ganz anders war als Deutschland, in dem sie geboren wurde.

„Schon als Kind habe ich das wahrgenommen, dass etwas Schweres und Bleiernes über dem Land lag. So klein und naiv wir ja als Kinder waren, hatten wir doch irgendwie begriffen, dass das Leben dort schwierig ist," erzählt sie.

Und dann waren da natürlich auch die Erzählungen der Eltern von ihrer Flucht, vom Verlassen der Heimat aus politischen Gründen. Es war zwar kein Thema, das ständig besprochen worden wäre. „Aber das bebt natürlich nach in die nächste Generation. Das kann man ja gar nicht verleugnen", sagt Zsuzsa Bánk.

Der Roman 'Der Schwimmer' handelt in Ungarn zwischen 1956 und 1968, also einer Zeit, die die Autorin dort gar nicht erlebt hat. Aber ihr war klar, dass die Handlung in diesem Zeitraum spielen musste. In der Zeit nach der großen Katastrophe des Volksaufstandes 1956, der Hunderttausende aus ihrem Land flüchten ließ, und dem Prager Frühling 1968, bei dem eine zarte Hoffnung auf ein freies Leben durch russische Panzer niedergewalzt wurde.

Bánk beschreibt in ihrem Roman jedoch nicht die politischen Ereignisse selbst. Sie konzentriert ihren Blick auf das, was diese mit den Menschen im Land gemacht haben. Sie erzählt die Geschichte zweier Kinder, Kata und Isti, die durch den wortlosen Weggang der Mutter in den Westen ihr Lebenszentrum verlieren und fortan mit ihrem Vater Kalman durch das Land ziehen, von Ort zu Ort, von einem Verwandten zum nächsten, ohne irgendwo Heimat zu finden. Trotz des ständigen Umherziehens, also einem Leben in Veränderung und Bewegung, scheint sich nichts zu bewegen, scheint die Zeit stillzustehen.

Meisterhaft hat Zsuzsa Bánk diese bleierne Schwere des Stillstands, diese Daseinsbedrohung der Kinder durch den Verlust der Mutter, die ständigen Aufbrüche und Abschiede, die den kleinen Isti zunehmend überfordern, aus der Sicht seiner Schwester Kata geschildert.

Zsuzsa Bánk behält durch den ganzen Roman konsequent diesen naiven Kinderblick auf alles Geschehen bei, was eine enorme Leistung ist. Nichts wird erklärt oder kommentiert. So taucht der Leser ein in die diese durch Verlassenheit und Einsamkeit geprägte Kindheit. Die klare und poetische Sprache mit ihrem melancholischen Grundton entfaltet einen ganz eigenen Sog. Man wird hineingezogen in eine Welt von vergeblichem Warten, von einem Gefühl der Ratlosigkeit und Vergeblichkeit, die sich wie ein Schleier über dem Wenigen, was geschieht, ausbreiten.

Glück erfahren die Kinder nur während eines Sommers am See, in dem sie vom Vater das Schwimmen beigebracht bekommen. Dieser See als Bild von Schwerelosigkeit und Leichtigkeit, das Schwimmen im Wasser, das trägt – das sind Momente reinen Kinderglücks. Hier vergessen Kata und Isti zum ersten Mal während ihrer Odyssee, nach der Mutter zu fragen und sich immer neue Lügengeschichten über ihren für sie unbegreiflichen Weggang auszudenken. Hier scheint im Zusammenleben mit den Verwandten, mit der lebenslustigen Virág und der lebensklugen Ági, - beide sind so etwas wie Ersatzmütter für die Kinder – endlich wieder ein neues Zuhause gefunden zu sein.

Als auch dieses durch den Brand des Hauses wieder verloren geht, verzweifelt der kleine Isti vollends, flüchtet in eine nur ihm zugängliche Welt und verunglückt schließlich auf einem zugefrorenen Fluss.

Wenn Zsuzsa Bánk jetzt in unserem Gespräch über die Figuren ihres Romans spricht, hat man den Eindruck, als seien das unbekannte Wesen für sie und nicht ihre eigenen Geschöpfe.

„Wenn ich den Roman wiederlese oder Ausschnitte daraus", sagt sie, „gibt es immer wieder Passagen, bei denen ich nicht verstehe, warum bestimmte Figuren so handeln, wie sie dort handeln. Beim Vater versteh ich auch nicht, warum er die Kinder einerseits ganz brutal ins Wasser wirft, dann aber doch den ganzen Sommer mit ihnen beim Schwimmen verbringt. Diese Kombination aus Zuwendung und Zärtlichkeit, nur ganz selten, und dann aber doch diese Unerreichbarkeit und Brutalität! Als zum Beispiel Isti ganz stolz sagt, er trainiere das Schwimmen für die Familie, und der Vater fragt: Für welche Familie?, und Isti antwortet: Für meine., da spricht ihm der Vater sogar das Mindeste ab, die Familie."

Zsuzsa Bánk geht an den Stoff, der zu einem Roman oder einer Erzählung wird, nicht mit einem festen Vorsatz heran, so oder so müssen die Personen handeln. Sie lässt sich von ihren Figuren führen.

Als sie mir von ihrem neuen Roman erzählt, von dem sie jetzt gerade ein Kapitel abgeschlossen hat, sagt sie, sie habe nur eine Grundkonstellation, zwei oder drei Personen, und eine gewisse Stimmung. Alles andere entwickele sich erst beim Schreiben.

Ich gebrauche das Bild von einem Baum, der selbstständig wächst und über dessen Wuchs und Entfaltung man auch nichts vorherwisse. Das Bild gefällt ihr. Ja, es komme auf das Hinsehen, auf das genaue Beobachten an, sagt sie.

Und das genaue Hinsehen, bei dem jedes kleinste Ding seine Bedeutung hat, verwandelt Bánk in ihrer federleichten Prosa in sinnliche, stimmige Bilder. *„Später, als wir wieder am Ufer standen, nahm unser Vater das Handtuch, das er über ein Ruder gelegt hatte, reichte es Isti, und Isti schüttelte den Kopf, nein, er brauche kein Handtuch, ein Handtuch sei eines der Dinge, die er nicht brauche. Ein letztes Mal liefen wir durch die Weinberge zurück, an den Rebstöcken vorbei, und ich heftete meinen Blick auf Isti, auf seinen Nacken, auf das Wasser, das von seinem nassen Haar tropfte, und wagte nicht, mich umzudrehen und auf den See zu schauen, aus Angst, er könnte nicht mehr da sein."*

Ungleich mehr als alle psychologisierenden Erklärungen zeigen Beschreibungen wie diese die ganze Trauer des Abschiednehmens vom geliebten See, die anrührende geschwisterliche Sorge der Ich-Erzählerin Kata um ihren Bruder Isti, die Tapferkeit des kleinen Jungen, der auf alles verzichten kann, nur auf den See nicht, und auch die schüchterne Fürsorge des Vaters ist sinnlich zu spüren. Es ist der Sog solcher Sätze, mit denen die Autorin den Lesenden von der ersten bis zur letzten Seite fesselt.

Beinahe schmerzhaft intensiv folgt man dem Drama der beiden Kinder und ihres schweigsamen Vaters, die nirgendwo Wurzeln schlagen können. Vieles wird nur angedeutet. Genaue Orts- und Zeitangaben fehlen fast gänzlich, was die Not der Umherziehenden nur umso deutlicher macht.

Die atmosphärisch dichten Bilder setzen sich im Kopf des Lesers fest *„Wenn ich die Augen öffnete, sah ich Istis Gesicht, seine fast durchsichtige Haut und die schnell pochenden Adern darunter. Wenn ich meine Fingerspitzen an seine Schläfen legte, wusste ich einen Augenblick lang nicht, ob es meine Finger waren oder seine*

Schläfen, die vibrierten." Ein wunderbares Bild für diese gefährdete Geschwisterliebe!

Doch obwohl vieles nur angedeutet wird und insbesondere die politischen Ereignisse nur wie ein Hintergrundrauschen vernehmbar bleiben, war es für Zsuzsa Bánk wichtig, dass die Details stimmen.

Dafür hat sie aufwendige Recherchearbeit betrieben. Für die sehr realistische Schilderung der Flucht in den Westen, erzählt sie mir, habe sie ihre Mutter als ‚Recherche-Partnerin ausgebeutet'.

„Aber natürlich", so fährt sie fort, „ist es etwas anderes, sich etwas erzählen zu lassen, als es dann in Poesie zu verwandeln. Das ist ja keine Eins-zu-eins-Übersetzung. Aber die Hintergründe sollten stimmen. Da habe ich mich an die Wahrheiten gehalten, das sollte schon authentisch sein."

Ich frage, ob sie das ländliche und provinzielle Milieu, die einfachen Menschen bewusst gewählt habe für den Roman.

„Ja, das hat eine besondere ästhetische Grundlage für mich. Vom Land geht eine ganz andere Inspiration aus", gibt Zsuzsa Bánk zur Antwort. „An einem See kann man andere Stimmungsbilder erzeugen als vor einem Stadthintergrund.

Ein wichtiges Motiv des Romans ist ja auch die Sprachlosigkeit, was einerseits mit den Menschen zu tun hat, aber auch mit der Natur. Das alles ist auf diesem kärglichen harten Land ungleich intensiver als in der Stadt. Es ist schon das ländliche, ja wirklich archaische Leben, das ich da beschreibe. Die Moderne ist völlig ausgeblendet. Auto, Fernsehen, Telefon – alles was es heute gibt, existiert dort nicht. Dafür ist das andere, das Archaische, ganz intensiv vorhanden: das Licht, der See, das Wasser, die Flüsse. Der Himmel spielt auch immer wieder eine große Rolle."

„Ist das auch eine persönliche Sehnsucht von Ihnen", frage ich.

„Nach Himmel...?", fragt Zsuzsa Bánk lachend zurück.

„Nach einem archaischen Leben", sage ich.

Einen Moment zögert sie mit ihrer Antwort. „Also, ich weiß es nicht. Sie taucht schon mal auf, diese Sehnsucht, aber ich glaube, nicht mit letzter Konsequenz. Ich bin doch eher ein Stadtmensch."

Andererseits bezeichnet sie die einzige Episode im Roman, die in der Stadt, in Budapest, spielt, als „einzige Sehnsucht nach der Natur" und erklärt: „Auf dieser Stadtfolie hätte ich keinen zweihundert Seiten langen Roman entwickeln wollen."

„Also doch ein Wunschbild nach diesem einfachen archaischen Leben?", hake ich noch einmal nach.

„So banal das klingt, das ist natürlich ein Ankerpunkt in meinem Leben, der mit mir selbst zu tun hat. Sehnsucht nach Ruhe, nach Rückkehr, Beständigkeit - alles, wofür Natur steht - und erstaunt vor der Natur oder in der Natur zu stehen und solche Phänomene wahrzunehmen."

So ein Stückchen Natur hat Zsuzsa Bánk ja auch für sich und ihre Familie gefunden in diesem schönen Haus. Der Garten ist eine kleine Oase, man schaut in Baumkronen und in sehr viel Himmel. Und es ist ruhig hier. Nur ab und zu dringt das Geräusch eines Flugzeuges in diese Idylle.

Nach dem sie überraschenden großen Erfolg ihres Romans war es erst einmal mit der Ruhe vorbei. Zahlreiche Lesungen, Interviews und Preisverleihungen hielten die Autorin auf Trab. Und dann kam ihre Tochter Luise zur Welt und eineinhalb Jahre später Sohn Friedrich.

„Nur Schriftstellerin zu sein, ohne Kinder zu haben, das hätte ich nicht gewollt", sagt sie. Auch wenn das eine harte Zeit war und sie kaum Muße fand zum Schreiben. An einen Roman war gar nicht zu denken.

„Dafür brauche ich mindestens fünf bis sechs Stunden absolute Ruhe", erzählt sie. Besser noch wären acht, neun Stunden Zeit, um sich ganz versenken zu können in die Schreibarbeit.

„Da muss noch viel passieren, damit eine Mutter berufstätig sein kann. Beruf und Kinder zu verbinden, ist unglaublich schwierig, weil es einfach nicht genug Kindergartenplätze gibt. Man muss alles privat organisieren, ein paar Stunden Tagesmutter, zwei Mal die Woche zu den Großeltern – das braucht unglaublich viel Energie auf."

Zsuzsa Bánk ist glücklich darüber, dass sie jetzt – seit wenigen Wochen erst – sich wieder mit ganzer Konzentration dem Schreiben widmen kann.

Nach dem ersten Buch, das 2002 erschien, fand sie dennoch Zeit für kürzere Arbeiten, so dass 2005 der Band ‚Heißester Sommer' mit zwölf Erzählungen erscheinen konnte. Auch diese Geschichten sind wieder in dem wunderbaren Largoton geschrieben, der Zsuzsa Bánks Schreiben charakterisiert.

Wieder ist es ein Buch von vielen kleinen Abschieden, von Schwermut, zerbrechenden Freundschaften, verflüchtigten Hoffnungen, von Brüchen und Aufbrüchen, vom Lieben und ‚Entlieben', von Kindheitserinnerungen und verlorenen Vertrautheiten. Eigentlich geht immer etwas zu Ende, oft unmerklich: eine Kindheit, eine Freundschaft, die Liebe.

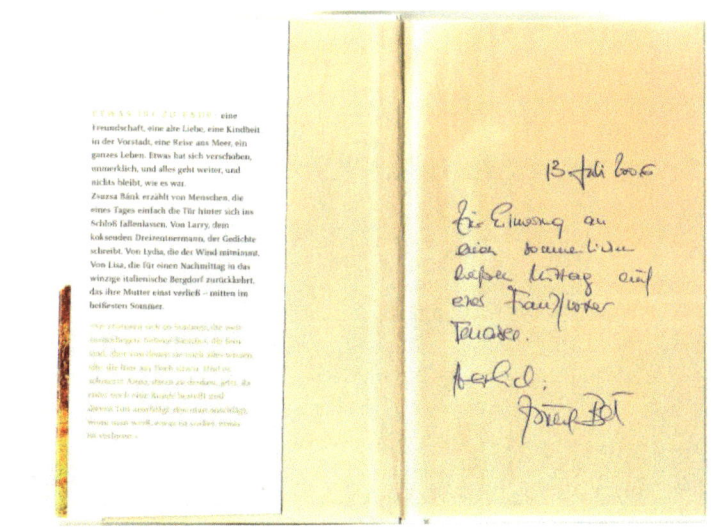

Doch in den Erzählungen ist es nicht pure Melancholie, die sich mitteilt. Dazu herrscht in der Komposition bei aller Kargheit eine zu große Strenge, auch Distanziertheit der Autorin zu ihren Figuren. Die Schauplätze sind diesmal breit gefächert: London und ein norditalienisches Dorf, der eisige Norden Kanadas und New York. Und doch leben alle Figuren „mitten im Nirgendwo", wie es einmal heißt.

„Irgendwie sind alle Ihre Figuren letztlich heimatlos", gebe ich zu bedenken. „Heimatlos meine ich nicht nur im wörtlichen, sondern auch im übertragenen Sinne. Sie haben keine Mitte, keinen Fixpunkt, nichts, woran sie sich orientieren können – im Sinne von: Ich lebe jetzt dafür."

„Das ist sicher ein Aspekt. Alle Figuren müssen aufbrechen, wollen auch nicht mehr zurück. Ich werde immer wieder gefragt, warum schreiben Sie so traurige Geschichten. Natürlich interessieren mich diese Dinge im Leben: Wo gibt es Brüche, wo gibt es Reibungen, wo fällt etwas auseinander?" –

„Das kenne ich natürlich von meinem eigenen Schreiben", sage ich. „Glück zu beschreiben, ist langweilig." –

„Es ist genau, wie Sie sagen", antwortet Zsuzsa Bánk. „Wie soll ich Glück beschreiben? Man sitzt auf der Terrasse und trinkt Kaffee. Das ist Unsinn!"

Und sie fährt lebhaft fort: „Ich schreibe über Momente des Abschieds, der Trauer, Momente des Unheils, der Angst. Da bahnt sich ein Unheil an. Irgendwo ist eine Bedrohung. Ich finde, auch das Leben ist so unheilvoll, deswegen übertrage ich das natürlich auch in meine Erzählungen. Vieles hat auch mit Angst zu tun. Es hat etwas sehr Bedrohliches, wenn Kinder von Kindern bedroht werden, von einer Freundin hintergangen, von einem Freund verlassen werden. Das sind alles Bedrohungen, mit denen wir uns zurechtfinden müssen. Solche Momente verarbeite ich in meiner Prosa. Wobei ‚verarbeiten' zu psychotherapeutisch klingt! Diese Dinge interessieren mich einfach."

Es gibt zwei Dinge, die nach meinem Eindruck für Zsuzsa Bánk von elementarer Wichtigkeit sind: Freiheit und ihre Gegenspielerin Macht.

Im Eingangsbereich ihrer Wohnung fiel mir ein Bild von Joseph Beuys auf mit dem Schriftzug ‚Überwindet endlich die Parteiendiktatur!'

Um diese zentralen Begriffe drehen sich alle ihre Texte, ohne dass sie jemals als solche im Text auftauchen. Und das ist ihre hohe Kunstfertigkeit, in einer ungeheuer atmosphärischen Dichte zu beschreiben, was fehlende Freiheit, Machtausübung bewirken.

In 'Der Schwimmer' erfährt man geradezu physisch, wie gefangen die Menschen, wie ausgeliefert sie ihrem Schicksal sind. Es bleibt ihnen nur die Möglichkeit, das alles zu ertragen. Nur eine Person, die Mutter, wagt den Ausbruch, widersetzt sich dem Ertragen-Müssen. *„Fürs Ertragen sei Kálmáns Frau nicht gemacht"*, heißt es an einer Stelle. Und durch ihre Flucht, deren genaue Beweggründe nicht genannt werden, setzt sich die Handlung in Gang und lässt die bleierne

Schwere, die Ausweglosigkeit im wörtlichen Sinne umso bedrückender erscheinen.

Zsuzsa Bánk erzählt mir, wie sie schon als Kind bei ihren jährlichen Besuchen der Verwandtschaft in Ungarn, die Unfreiheit im Land wahrgenommen habe.
„Allein die Grenzabfertigung war eine unglaubliche Tortur. Es dauerte ewig", erzählt sie mir. „Mein Vater musste die Grenzer immer bestechen, und wir Kinder wurden darauf abgerichtet, uns schlafend zu stellen, damit nicht der ganze Wagen auseinander genommen wurde. Also, ich fand es immer entsetzlich", sagt sie voller Empörung und fährt fort: „Mit den Bestechungen hat es auch meistens funktioniert. Nur wenn mein Vater auch mal sauer wurde oder spitzer wegen der Schikanen, wurde man zur Seite genommen und musste noch einmal zehn Stunden warten. Ich hasste diese Tortur, nachts an den Grenzstationen mit diesen Lichtern und diesen völlig unzugänglichen Menschen, die sich darin gefielen, ihre Macht auszuüben. Natürlich wurden wir besonders schikaniert wegen der ungarischen Namen, weil klar war, dass meine Eltern in den Westen geflohen waren. Es war schon ekelhaft!"

Und so klein sie damals auch noch war, begriff sie doch schon, dass das Leben dort sehr schwierig war. Sie erzählt weiter. „Es lag etwas Bleiernes, etwas Schweres über dem Land, und ich war immer froh, wenn wir es wieder verließen. Dann hatte ich das Gefühl, ich kann wieder atmen, ich kann mich frei bewegen. Ich muss nicht darauf achten, was ich sage, was ich tue."

„Wenn man von diesen Erfahrungen hört", sage ich, „und wenn man sie auf den Roman überträgt, so kann man ihn auch als ein eminent politisches Buch verstehen. Die Protagonisten leben ja wie in einem Gefängnis."

„Ja und nein", gibt Zsuzsa Bánk zur Antwort. „Ich wollte natürlich keinen politischen Roman schreiben. Aber es stimmt. Es gibt keinen Ausbruch. Das Leben wird einem zugeteilt, und das hat man zu leben. Die Einzige, die da nicht mitmacht, ist die Mutter."

Und nach kurzem Nachdenken fährt sie fort: „Ja, wenn Sie so wollen, ist es doch auch ein durch und durch politischer Roman. Man muss ihn nicht so lesen. Aber es gibt sehr viele Andeutungen, die man politisch deuten kann. Schon auf der ersten Seite, die Mutter, deren Kehlkopf angeblich bei der Arbeit in der Fabrik zerstört wird.

Kinder, die in Jauchegruben fallen und ersticken – das sind alles so Erstickungsmotive. Dieses Sich-nicht-äußern-Können, das Schweigen-Müssen. Das Schweigen und Tabuisieren zieht sich durch den ganzen Roman. Nichts wird benannt, nichts wird ausgesprochen. Alles wird weggedrängt. Genau diese Dinge sind politisch. Diese ganzen Eingriffe ins Privat- und Arbeitsleben. Es klingt überall an."

So hat Zsuzsa Bánk mit ihrem Roman 'Der Schwimmer' einerseits eine zu Herzen gehende, sehr poetische, zutiefst anrührende Geschichte von der Verlassenheit zweier Kinder geschrieben, aber zugleich ein Buch über die traumatischen Folgen von Diktaturen ganz allgemein, ohne dass deshalb politische Symbole bemüht werden. Über die Folgen des Eingeschlossenseins und der Unfreiheit, die die Menschen nur als Duldende überleben können.

Gegen Ende des Romans, bevor das Unheil über Isti hereinbricht und damit auch über seine Schwester Kata, deren einzig verlässliches Gefühl doch immer gerade die Sorge, die Angst um den Bruder war, fasst Bánk dieses unsinnige Umhergetriebensein, diesen Stillstand in der Bewegung in einem sehr sprechenden Bild zusammen: *„Dann hatte ich das Gefühl, wir lebten auf einem Kreisel, auf seiner Spitze, dort, wo man ihn dreht und loslässt, und wir, wir drehten uns mit ihm, immer auf der einen Stelle, immer unter demselben Himmel."*

Auch wenn in dem Erzählband ‚Heißester Sommer' der Grundton wieder melancholisch gefärbt ist, etwas ist grundlegend anders: Die Protagonisten können aufbrechen, können ausbrechen, niemand hindert sie daran. Da ist dieses Moment der Freiheit, der freien Entscheidung, die möglich ist, aber nicht zwangsläufig zum Glück führen muss, wie die Flucht in den Westen der Mutter im ‚Schwimmer' ja auch nicht das Glück bringt. Wesentlich ist aber der Entschluss zum Wandel. Auch in Bánks Geschichten.

Meine Überlegungen hört sich Zsuzsa Bánk aufmerksam an und entgegnet dann: „Vom Bewusstsein ist das alles gar nicht vorhanden beim Schreiben. Das ist ein rein intuitiver Vorgang. Erst wenn es um die Dramaturgie geht, kommt das Bewusstsein dazu. Der Rest ist ein Fließen. Man nimmt sich nichts vor."

Zsuzsa Bánks knappe und präzise Sprache, die viel mit Auslassungen und Reduktionen arbeitet, fokussiert das Geschilderte wie in einem Brennglas und dringt dem Leser dadurch unter die Haut. Auf ihre Sprache angesprochen, gibt sie folgendermaßen Auskunft: „Dadurch dass ich zweisprachig aufgewachsen bin, war bei mir früh ein massives Interesse an Sprache vorhanden, an den Feinheiten der Sprache."

Das interessiert sie jetzt auch wieder, wo der Roman in andere Sprachen übersetzt worden ist. Viele Stimmungen hingen ja sehr vom Klang der

Sprache ab, sagt sie zu mir. Als sie in Ungarn zusammen mit ihrem ungarischen Übersetzer aus dem Roman gelesen habe, war sie erstaunt, dass Passagen, die sie auf Deutsch las, immer furchtbar traurig geklungen hätten, während sie auf Ungarisch urkomisch geklungen hätten. „Eine völlig andere Stimmung hat das ausgelöst", erzählt sie.

„Und das finde ich sehr sehr spannend. Immer schon. Auch in der Kindheit der Wechsel von einer Sprache in die andere. Leider können meine Kinder nicht zweisprachig aufwachsen, dazu beherrsche ich das Ungarische nicht mehr gut genug." Sie findet das schade, denn sie hält das Aufwachsen in zwei Sprachen für eine gute Intelligenzschulung.

Ich frage sie, ob sie als Kind von Einwanderern Probleme gehabt habe. „Ganz klar, nein. Im

Gegenteil. Andere Kinder fanden das toll, dass es bei uns zu Hause anders zuging, viel lebhafter. Es waren immer viele Verwandte da, und es wurde anders gekocht. Natürlich", gibt sie zu bedenken, „haben wir von Anfang an Deutsch gesprochen. Mein Vater hat sein Abitur in Ungarn auf Deutsch gemacht. Aber es wäre auch sonst gegangen, wenn wir nicht gleich Deutsch gesprochen hätten. Mein älterer Bruder hat zuerst nur Ungarisch gesprochen und das Deutsch erst im Kindergarten und auf der Straße gelernt. Also tatsächlich spielte es überhaupt keine Rolle."

Bei der Integration von Zuwanderern hält Zsuzsa Bánk die Sprache für ungeheuer wichtig. „Eigentlich funktioniert alles über die Sprache", sagt sie. „Dass überhaupt darüber diskutiert wird, ob auf einem Schulhof Deutsch gesprochen wird oder nicht, das finde ich absurd. Natürlich wird dort Deutsch gesprochen. Das ist die Sprache, die in diesem Land gesprochen wird."
Dass solche Dinge überhaupt diskutiert werden, hänge natürlich damit zusammen, dass man es zu lange habe schleifen lassen und dann plötzlich gemerkt habe, so funktioniert es nicht.

Zsuzsa Bánk wird auch oft zu so genannten Migrationsforen eingeladen, wo sie sich eigentlich fehl am Platze fühlt. „Ich sage dann immer", erzählt sie, „Deutsch ist meine Sprache. Ja, es gibt diese Wurzeln. Und es gibt noch diesen Zusatz, dieses Geschenk der anderen Sprache mit dem intensiven Blick in etwas anderes." Sie hält es für unerlässlich, dass Menschen, die dauerhaft in diesem Land leben möchten, dessen Sprache sprechen.

Der vorgesehene Zeitraum für unser Gespräch ist schon längst überschritten. Ein paar Fotos möchte ich gern noch von ihr machen. Doch dann muss Zsuzsa Bánk das Essen für die Kinder kochen. Während sie die Spaghetti ins brodelnde Wasser gleiten lässt, das Band abgeschaltet in der Tasche verstaut ist, fällt mein Blick zum zweiten Mal auf das kleine Bildchen von Papst Benedikt XVI., das in eine Ecke des Küchenschranks gepinnt ist und das mir schon aufgefallen war, als Zsuzsa Bánk die Getränke für uns auf die Terrasse holte. Und nun, schon halb im Gehen, kann ich nicht umhin, sie noch kurz auf dieses ‚Heiligenbildchen' anzusprechen.

„Ach, das fragen mich viele", antwortet sie leichthin und deutet lachend auf eine Reihe weiterer Devotionalien. „Das ist so ein Spleen von mir." Ob das auch eine Bedeutung für sie habe, will ich dann doch noch schnell wissen.

„Also, ich bete nicht davor", sagt sie lachend. Ich gestehe ihr, dass ich sie gerne auch zu solchen Themen befragt hätte, und bedaure, dass dafür die Zeit leider zu kurz gewesen sei. So viel verrät sie mir aber doch, dass Religion für sie durchaus eine Bedeutung habe. Und ein einziges Mal, sagt sie, tauche in der Erzählung ‚Delphine' das Wort Gott auf.

Zu Hause lese ich noch einmal die Erzählung ‚Delphine'. Eigenartigerweise ist es diejenige, die eigentlich unsere im Gespräch geäußerte Ansicht, Glück sei nicht darstellbar oder zumindest uninteressant, Lügen straft.

Die Geschichte beschreibt tagebuchartig die Reise eines Paares durch Australien, und es taucht immer wieder der Gedanke und Wunsch auf, dort zu bleiben.

Nicht nur der Ozean, sondern auch die Wüstenlandschaft wird als heilig empfunden. *„Du flüsterst in mein Ohr, heilige Landschaft, und ich sage, ja, und ganz allein uns gehört sie."* Und dann taucht er auf, der Satz, den ich suche: *„Weit und breit niemand und wir gleich am Wasser,* *neben den Wellen. Ich sage, Gott ist da, und zeige in den Himmel."*

Doch nun müssen wir uns erst einmal gedulden im Warten auf ihren neuen Roman. Und vielleicht ist dann ja auch Zeit, um über solche Themen zu sprechen.

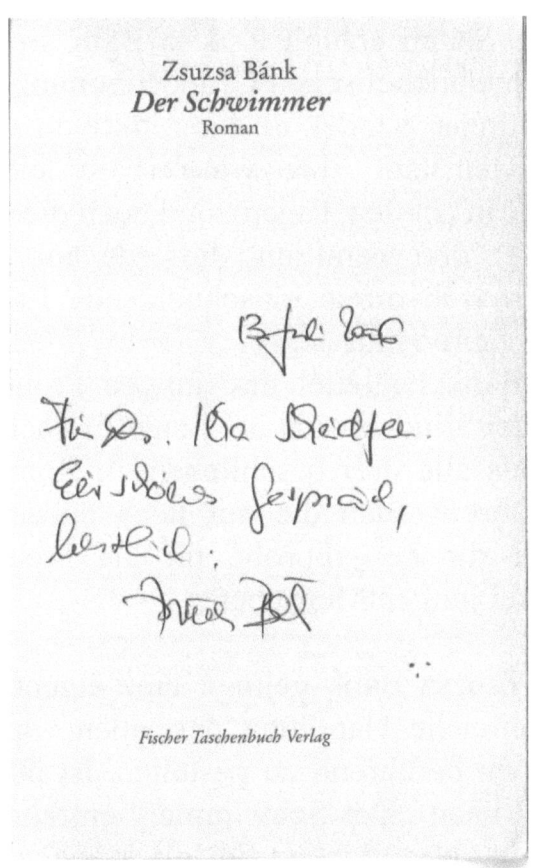

Danach

Tatsächlich hat sich Zsuzsa Bánk viel Zeit für ihren nächsten Roman gelassen.

2011 erschien er dann wie ein Paukenschlag, der Roman „Die hellen Tage", 2012 bereits als Taschenbuchauflage, außerdem als Hörbuch.

Auf 544 Seiten erzählt Zsuzsa Bánk in der ihr eigenen melancholischen Grundstimmung die Geschichte dreier Kinder in einer fiktiven süddeutschen Kleinstadt, ihre wunderbare leichte Freundschaft in „hellen Tagen" und auch die Geschichte ihrer drei Familien, die jede auf ihre Weise schon früh durch einschneidende Ereignisse Leid erfahren musste.

Zsuzsa Bánk begleitet ihre jungen Protagonisten von der Kindheit bis ins junge Erwachsenendasein, als alle drei beschließen, in Rom zu studieren. Dort werden die nur noch äußerlich hellen Tage zur Zerreißprobe für die Freundschaft der drei jungen Menschen.

Wie es Zsuzsa Bánk gelingt, eine eigentlich wenig actionreiche Handlung dermaßen spannend und auch berührend zu gestalten, ist ihrem bereits im Roman „Der Schwimmer" entfalteten großen Talent zu verdanken, in einer soghaften

Sprache authentische Lebensbeschreibungen zu entwickeln und glaubhaft zu gestalten.

15 Auflagen und etwa 250 positive, ja begeisterte Leserrezensionen zeigen, wie berechtigt die frühen Vergaben an wichtigen Preisen an eine Autorin mit einem noch schmalen Werk waren.

Für den 23. Februar 2017 ist ein neuer Roman von Zsuzsa Bánk angekündigt. Sein Titel „Schlafen werden wir später". Mit 688 Seiten noch um einiges opulenter als der vorherige.

Auch eine 6bändige Audioausgabe mit Anna Thalbach als Sprecherin ist bereits für März 2017 angekündigt.

Wieder geht es um Freundschaft und die Herausforderungen des Lebens durch Schicksalsschläge. Und die wichtigen Fragen des Lebens zweier Frauen in ihrer Lebensmitte.

Man darf gespannt auf das neue Werk dieser Schriftstellerin sein, die mit ihren Romanen die Leserschaft so sehr zu fesseln vermag.

Peter Härtling

Der Lyriker, Kinderbuch- und Romanautor Peter Härtling wurde am 13. November 1933 in Chemnitz als Sohn eines Rechtsanwaltes geboren und lebte ab 1941 im tschechischen Olmütz. Sein Vater starb in russischer Kriegsgefangenschaft. 1945 flüchtete seine Mutter mit ihm und seiner Schwester nach Zwettl in Niederösterreich. 1946 wurde er nach dem Freitod seiner Mutter Vollwaise. Nach dem Besuch des Gymnasiums in Nürtingen begann Härtling bei der Nürtinger Zeitung ein Volontariat. Er arbeitete danach bei verschiedenen Zeitungen als Redakteur. 1959 heiratete er die Psychologin Mechthild Maier, mit der er vier Kinder hat und in Mörfelden bei Frankfurt am Main lebt.

1967 bis 1973 war Härtling Cheflektor und Geschäftsführer im S. Fischer Verlag. Seit 1974 ist er freier Schriftsteller.

Peter Härtling hat ein umfangreiches Werk geschaffen. Gleichberechtigt standen bei ihm von Anfang an die Lyrik, der Roman vor allem in Form von Künstlerporträts (Hölderlin, Schumann, Schubert), und Kinderbücher.

Peter Härtling erhielt für sein Werk viele bedeutende Preise, so 1974 den Schubart-

Literaturpreis, 1976 den Deutschen Jugendliteraturpreis, 1987 den Friedrich-Hölderlin-Preis, 2000 den Eichendorff-Literaturpreis. 2001 wurde ihm der Sonderpreis des Deutschen Jugendliteraturpreises für sein kinderliterarisches Gesamtwerk und 2003 der Deutsche Bücherpreis für sein literarisches Gesamtwerk verliehen.

1994 verlieh ihm das Land Baden-Württemberg den Professorentitel, 1995 erhielt er das Große Bundesverdienstkreuz.

Mein Besuch bei Peter Härtling

In Mörfelden-Walldorf, einer Ortschaft südlich von Frankfurt, eingeklemmt zwischen Autobahnen und im Flugschatten des riesigen Airports, wohnt Peter Härtling. Seit 1967 lebt er mit seiner Familie in einem modernen Bungalow des Architekten Richard Neutra, der hier eine Siedlung erbaute, richtungweisend für eine naturverbundene Baukunst. Dort besuche ich den Autor.

Peter Härtling erwartet mich vor dem Gartentor, besorgt, dass ich ihn nicht finden könnte, und geleitet mich nach einer herzlichen Begrüßung durch einen großen Garten, an einem Teich vorbei ins Haus.

Der große helle Wohnraum lässt durch eine Fensterfront, die die gesamte Breitseite einnimmt, die Sonne, das Grün der Bäume, die Fülle der Blumenpracht herein. „Das ist das Besondere an den Neutra-Häusern", erzählt mir Peter Härtling; „dass sie lichtvoll sind und so große Gärten haben."

Manchmal wird während unseres Gesprächs der Fluglärm störend laut, aber Härtling lacht darüber, hat sich damit arrangiert, wie es scheint. „Es ist nicht immer so", sagt er, „es hängt von der Windrichtung ab, wie die Flugzeuge fliegen."

Ein ausgedehntes Waldgebiet vor Mörfelden ist abgesperrt - für die Startbahn West. Da hat auch Peter Härtling einmal gestanden und protestiert gegen deren Bau, gemeinsam mit seinen Kindern und vielen aufgebrachten Bürgern.

Dennoch ist Peter Härtling eher ein stiller Protestler, der zwar aufbegehrt und sich zu Wort meldet bei Missständen unterschiedlicher Art, aber die spektakulären Auftritte meidet.

Dass Peter Härtling ein ‚homme de lettres' ist, das ist unübersehbar. Bücher, wohin das Auge blickt, aber auch Kunst. Viele moderne Bilder und Skulpturen geben dem modernen Ambiente der Einrichtung eine sehr persönliche Note.

Früh schon kam Peter Härtling auch mit der Kunst in Berührung, lernte sie schätzen, verstehen, lieben. Die Musik, die er, wie er mir gesteht, fast noch mehr liebt als die Literatur, ist sinnfällig durch einen Flügel vertreten und durch eine Vielzahl an Musikkassetten.

Sie schwingt unhörbar mit, wenn man Härtlings Bücher kennt, seine Biografie über Schubert zum Beispiel, seine Lyrik, seine Liebe zur ‚Winterreise'. Unwillkürlich denke ich an den ‚Leiermann' und die in ihm enthaltene traurige Botschaft: ‚Fremd bin ich eingezogen, fremd zieh ich wieder aus.'

„Ja, der Wanderer", sagt Peter Härtling und lächelt. Es ist ein melancholisches Lächeln. Und wir sind damit gleich bei dem Thema, das ihn am meisten beschäftigt, gehen auch einen Schritt hinein in seine Biografie.

Härtlings Leben wurde auf tragische Weise früh durch Verluste, Vereinsamung, Heimatlosigkeit geprägt. Das Gymnasium verließ er kurz vor dem Abitur. Um überleben zu können, hat er sich ganz früh in die Literatur geflüchtet Mit 14 Jahren schrieb er seine ersten Gedichte. Später - da war er schon Volontär bei der ‚Nürtinger Zeitung' - erschuf er sich eine Zaubergestalt, sein zweites Ich, ‚Yamin', eine Art Clown. Mit ihm konnte er aus der rauen Wirklichkeit in den Traum entfliehen. Sein erster Gedichtband erscheint, da ist er zwanzig Jahre alt. *„Mit Büchern bin ich aus der Wirklichkeit geflohen; mit Büchern bin ich in sie zurückgekehrt"*, schreibt Peter Härtling.

Nach einem Besuch der Bernstein-Schule bei HAP Grieshaber, einer Art interdisziplinärer Stätte von Dichtung, Musik und Kunst, begann er seine Ausbildung als Journalist bei der ‚Nürtinger Zeitung', schrieb nebenher Gedichte, bald auch schon Romane und wagte nach leitenden Positionen bei verschiedenen Zeitungen und einer sechsjährigen Tätigkeit als Cheflektor beim Fischer-Verlag 1973 den Sprung in das Leben als freier Schriftsteller.

In seinem umfangreichen Oeuvre, das mit vielen angesehenen Preisen ausgezeichnet worden ist, bestimmen von Anfang an immer wiederkehrende Themen – Weg, Fahrt, Ferne, Verwandlung, Vergänglichkeit, Verbannung, Verlorenheit – sowohl seine Gedichte als auch seine Romane.

Darauf spreche ich Peter Härtling an: „Eine Figur, ein Aspekt, der in fast allen Ihren Büchern immer wieder zum Tragen kommt, ist ‚Der Wanderer', der Mensch, der nicht heimisch ist. Die Fremdheit als durchgehendes Thema. Ist dies", so frage ich ihn, „in Ihrer Biografie begründet?"
„Ja, das Thema ist nicht nur darin begründet, sondern hat auch einen sehr realen Grund. Ich habe schon als junger Mensch gemerkt, dass unsere Zeit aus der Ruhe in die Unruhe geraten ist. Die große Ruhe, die sich nach dem Zweiten Weltkrieg auszubreiten schien, war eine trügerische. In Europa geriet ja die Welt ungeheuer in Bewegung, die Wanderung von Osten nach Westen, dann aus dem Süden in den Norden. Ein Fünftel der Weltbevölkerung ist immer auf der Flucht. Da ist für mich der Wanderer eigentlich kennzeichnend geworden."

Härtling unterscheidet zwei Aspekte des Wanderers, einmal den, der immer aufbrechen muss, und zum anderen den, der immer wieder ankommt. Für ihn ist das Phänomen des Wanderns eine existentielle Bewegung.

So schreibt er in seinem Roman ‚Der Wanderer': *„Ich verstehe die Botschaft der ‚Winterreise' als eine aus Rätseln reiche Erklärung unseres Zustandes. Wir gleichen dem namenlosen Wanderer. Wir wandern nicht mehr, um anzukommen, wir sind unterwegs in einer frostigen, auskühlenden Welt. Wir wissen viel, nur was uns verloren geht, merken wir gar nicht. Dennoch wünschen wir, anzukommen."*

An den Gedanken des Ankommens, des Ankommendürfens, des Geborgenseins knüpfe ich meine Frage: „Sicher ist für Sie durch den frühen Verlust Ihrer Eltern Familie etwas, was Sie besonders hoch einschätzen."

„Ja, das ist wahr", antwortet er offen und fährt fort: „Ich war ein sehr einsames und unglückliches Kind. Schon aus dem Grunde habe ich mir früh gewünscht, falls ich mal eine Familie habe, zusammen mit meiner Frau den Kindern Geborgenheit zu geben, ihnen ein Gefühl für Gemeinschaft und Verständnis füreinander zu vermitteln. Und das", so fügt er hinzu, „ist uns anscheinend auch gelungen."

„Wie geht man miteinander um? Das hat mich immer sehr beschäftigt", erzählt er weiter. Für ihn und seine Frau, die als Psychologin beruflich tätig ist, sei immer entscheidend gewesen, die Kinder ernst zu nehmen, Gespräche zu führen.

Auch sei es wichtig, dass beide Eltern präsent seien. Den Alleinerziehenden - so sehr er die Probleme verstehe - zum Prototyp der modernen Gesellschaft und Lebensgemeinschaft machen zu wollen, hält Härtling für unangemessen. „So notwendig das im Einzelfall sein mag", sagt er, „so ist es doch eine Halbierung von Lebenswelt."

Familie ist für Peter Härtling von großer Bedeutung und hat viel mit seiner eigenen Kindheit zu tun, die ganz anders verlaufen ist als die seiner vier Kinder. Die sind heute erwachsen, wohnen nicht mehr zu Hause, „kommen aber immer wieder", wie er mir versichert. Und er fügt hinzu: „Gerne!"

Die Situation für ihn als Vater war sicher anders als üblich. Durch seinen Beruf als freier Schriftsteller war er viel zu Hause. Er konnte sich daher viel um die Kinder kümmern. Aber auch den Vätern, die erst abends nach Hause kommen, möchte er sagen, dass er ihre Aufgabe in der Familie „extrem wichtig" ist.

„Wichtig", sagt er, „ist die Grundhaltung: aufmerksam füreinander zu sein. Sich gegenseitig ernst zu nehmen."

Nicht so sehr die Menge an Zeit, die man miteinander verbringt, sei entscheidend, sondern „das, was einen selber beschäftigt im Guten wie im Schlechten, dass die Kinder das erfahren.

Dass man als Eltern aber andererseits spürt, wenn die Kinder etwas erzählen möchten. Das ist sehr häufig ein Mangel bei Erwachsenen, dass sie das, was ihnen Kinder erzählen, gar nicht erst wahrnehmen oder nicht ernst nehmen."

Der Vater ist in Härtlings Familienverständnis einer in einer Gruppe, nicht der über alle herrschende, sondern einer, der gemeinsam mit der Mutter für die kleinen und großen Bedürfnisse, Sorgen und Freuden der Kinder zuständig ist.
  Grundlage dieses aufmerksamen Umgangs miteinander ist für ihn das Gespräch, das lebendige Interesse aneinander. Der ‚Brief an meine Kinder' (1987) zeugt in eindrucksvoller Weise davon.

Peter Härtling ist ein lebensfroher Mensch, er lacht viel und herzlich während unseres Gesprächs.
  Aber dann kann er plötzlich auch sehr ernst werden und manchmal sogar ein bisschen traurig. Er zeigt seine Gefühle so offen, wie Kinder es tun.

Ich habe das Gefühl, das Kind muss noch ganz lebendig in ihm sein. Nicht von ungefähr schreibt Peter Härtling neben seinen Romanen und Gedichten ja auch zahlreiche Kinderbücher.

Das aufmerksame Hinhören auf die Sprache der Kinder, das Erinnern auch an seine eigene Kindheit bedeutet für ihn ein Bewahren dessen, was er „Das Kind in mir" nennt und was, wie er glaubt, ihn zu seiner Arbeit als Schriftsteller und Dichter befähige.

„Ginge mir das verloren", sagt er, „könnte ich wahrscheinlich nicht mehr schreiben."

Peter Härtling hat eine Lieblingsfigur, von ihm selbst geschaffen, das ist der ‚Alte John' (zugleich Titel eines Kinderbuches von ihm). So ähnlich möchte er einmal sein, wenn er alt ist: mit dieser Mischung aus Kindlichkeit und Weisheit.

Zwei Menschen verehrt er in diesem Sinn als Vorbilder. Der eine ist Ernst Zimmer, der den kranken Hölderlin fast 40 Jahre lang betreut hat. Ihn hat Härtling mit besonderer Liebe in seinem Hölderlin-Roman gezeichnet.

An ihn richtet er in seinem autobiographischen Roman ‚Herzwand' einen Brief von scheuer Zärtlichkeit, in dem er sich diesen bescheidenen Menschen *„zu meinem älteren Bruder wünschte oder zu meinem Pfleger"*, sollte er auch einmal, wie Hölderlin, sich verloren geben, die Orientierung verlieren, wenn einmal *„die nicht mehr ausgehaltene Spannung zwischen erzählendem und erzähltem Ich"* zu groß würde.

Viel verrät uns Peter Härtling hier über das immens Belastende seiner Dichtung und seines Lebens.

Denn, so schreibt er: *„Die Energie, das Unbegreifliche im Nächsten zu begreifen, hinterläßt mehr und mehr Spuren."*

Aber, so tröstlich endet immerhin der Roman: *"Solange ich mich erfinden kann, gehe ich euch nicht verloren."*

Die andere Person, die Peter Härtling sehr verehre, wie er verrät, ist der heilige Franz. Das bekannte Fresko des Heiligen steht als Postkarte auf Härtlings Schreibtisch in seinem Arbeitszimmer.

*"Da ist Francesco gegangen,
da warf er seinen Kinderschatten
mit einem leuchtenden Kern,
da riß er sich die Wurzeln aus
und pflanzte sich in den umbrischen Wind,
da beschenkte er die Brüder mit Armut,*

da säte er Sätze aus ... ", heißt es in seinem Gedicht ‚Assisi'.

Eines ist diesen drei Gestalten gemeinsam: die Einfachheit, mit der sie ohne große Worte tun, was sie für nötig halten – auch gegen alle Übereinkunft, nämlich miteinander zu leben, zu teilen, zu lieben, zu leiden, zu trauern, die Widersprüche zu ertragen.

Peter Härtling, für den das Gespräch eine so überaus wichtige Rolle spielt, das Gespräch in seinen verschiedensten Ausprägungen, auch im Gedicht, im Brief, im Roman, in der Predigt, beklagt, dass dieses wichtigste Kommunikationsmittel heute vernachlässigt werde.
Durch ein Überhandnehmen der Medien würden ganz einfach Dinge nicht mehr genügend gepflegt: zuhören, miteinander reden, von Erlebnissen und Gefühlen erzählen, auch von Geschichten, aufmerksam sein füreinander.

Was ihm besonders Sorge bereite, erzählt er, sei die Stromlinienförmigkeit im Karrieredenken auch schon vieler junger Leute. Aber er sehe auch viele hoffnungsvolle Ansätze.

Es gebe, wie ihm scheine, wieder vermehrt junge Leute, die sich politisch-sozial engagierten, die aufgerüttelt seien von den Kriegen in so vielen Ländern, von der Not und Verzweiflung so vieler Menschen. „Darauf setze ich ein bisschen", sagt er, „auf eine aktiv werdende Nachdenklichkeit."

Sich verantwortlich fühlen für den Zustand der Welt ist ein wichtiger Aspekt in Härtlings Denken.

Am Bücherregal neben seinem Schreibtisch hängt ein Poster von Albert Camus mit Auszügen aus dessen Nobelpreisrede in Uppsala 1957.

Da heißt es: „Wir, die Schriftsteller des 20. Jahrhunderts, werden nie mehr allein sein. Wir müssen im Gegenteil wissen, dass wir uns der gemeinsamen Misere nicht entziehen können und dass unsere einzige Rechtfertigung, wenn es eine gibt, die ist, dass wir, soweit wir dazu nur fähig sind, für jene sprechen, die es nicht können. Und zwar müssen wir wirklich für alle sprechen, die in diesem Augenblick leiden ..."

So sieht auch Peter Härtling seine Verantwortung als Schriftsteller. In seinen Erzählungen und Romanen, in denen er sich in großer Behutsamkeit, Intensität und Zärtlichkeit seinen Personen nähert, in einer Mischung aus Authentizität, Imagination und Entwurf, fühlt er sich, wie Camus es formulierte, „dem Schmerz verpflichtet oder der Freiheit des Menschen".

Härtling beschreibt seinen Schreibimpuls so: *„Ich räume Schutt beiseite, und was ich finde, ist das entstellte, aufgerissene Gesicht des Menschen, der auf der Suche nach seiner Wirklichkeit war, einer Wirklichkeit, die ihm eingeredet wurde und die ihn, am Ende, ausstieß."*

Das früh erfahrene Leid, die Verluste, die Einsamkeit haben ihn zu einem hochsensiblen Menschen und Autor werden lassen. Aus diesen Erinnerungen schöpft Peter Härtling, bildet mit seiner Sprache neue Muster, bewegt sich an den Rändern individueller und geschichtlicher Katastrophen entlang, um Augenblicke kurzen Glücks besonders eindringlich aufscheinen zu lassen, was ihm besonders in seinen zahlreichen Liebesgedichten auf wunderbare Weise gelingt.

„... Ich bin noch nicht da./ Ich muss/ noch die Erde/ wachsen lassen/ in meiner Geschichte./ Du weißt gar nicht,/ wieviel ihr fehlt/... Aber: hineingehen,/ das wäre ein anderes Wort./ Wieviel

haben wir/ inzwischen/ verlernt./ Ankommen muss ich mit dir./ Und legte ich die Erde/ zwischen dich/ und mich/ und wärmte sie mit diesem/ einen Satz, den ich behalte,/ um mein Gedächtnis zu leeren:/ Bleib hier; es wird nichts mehr/ da sein." (‚Verständigung')

Erinnern bedeutet für ihn, der Zeit zu entfliehen aber auch ihr vorauszueilen in Träumen und Utopien von einer friedlicheren, gerechteren Welt. „Ich kann keine Paradiese schildern", sagt er. „Die haben wir alle im Laufe von wenigen Weltsekunden verraten, vergessen." In der Dichtung, in der Kunst, in mutigen Entwürfen für eine lebbarere Welt liegt für ihn trotz allem eine Chance, *„in Erinnerung zu rufen, was wir sein könnten, woher wir kommen und was wir vertan haben."*

Mit dieser Erinnerungsarbeit ist Peter Härtling gleichsam stets auf der Suche nach der verlorenen Zeit. In seinen Romanen ‚Zwettl - Nachprüfung einer Erinnerung' (1973), ‚Nachgetragene Liebe' (1980), ‚Der Wanderer' (1988), ‚Herzwand"' (1990) beschwört er rückblickend eine von ihm als bedrückend und unmenschlich erfahrene Wirklichkeit, um sich selbst davon zu befreien, aber auch, um Geschichten gegen die Geschichte zu erzählen, gegen die traumatische Erfahrung einer kollektiven Verdrängung, wie er sie als Dreizehnjähriger nach Kriegsende erlebt hatte.

„Wagen, das Undenkbare zu denken und ihm Regeln zu geben." Dass aus dem gemeinsamen Gespräch das gemeinsame Handeln erwächst, das ist so eine Wunschvorstellung von ihm, die jegliches Zusammenleben umfasst: in der Familie, im Staat, in den Kirchen. Distanz, so diagnostiziert Härtling, führt zu einer stetig wachsenden Wüste, in der *„Sattheit und Gedächtnisschwund, Anmaßung und Mittelmaß"* herrschen.

„Wir brauchen Entwürfe, wir brauchen immer wieder neue Anfänge", sagt er. Und damit ist er im Grunde wieder bei seinem Wanderer, dem, der aufbricht und Neues wagt. Er ist bei seiner Philosophie der Anfänge. *„Ich könnte keine Zeile mehr schreiben, lebte ich nicht in meiner Vorstellung von den Anfängen, die Menschenkinder rund um die Erdkugel machen, immer von neuem mit jenem kostbaren Stoff beschenkt, aus dem Phantasie, Würde und Zuversicht bestehen",* so hat Peter Härtling es einmal formuliert

„Wer will, mag ein solches Amalgam Glauben nennen: So kühn bin ich nicht. Ich bezeichne es als die Beständigkeit der humanen Gedanken zwischen Himmel und Erde." Er liebt die großen Worte und Gesten nicht, sondern beschreibt in einer einfachen, zärtlich-melancholischen Sprache Visionen und Träume von einer humanen Welt.

Teil einer solchen Zurückhaltung ist es wohl auch, dass Härtling in seinen Werken nicht von seinem Glauben spricht, dass das Wort ‚Gott' nirgendwo auftaucht. „Ist das bewusst so?", frage ich ihn. „Ja", gibt er schlicht zur Antwort. „Ich glaube, ich könnte das nie", fährt er fort, „eine so genannte ‚christliche' Literatur schreiben. Für mich hat Literatur einen anderen Anspruch."

Gleichwohl hat sich Peter Härtling in der evangelischen Kirche, der er angehört, öffentlich engagiert. 1985 wurde er für den Zeitraum von fünf Jahren sogar in die Synode gewählt, und er hat, wie er sagt, dieses „kirchlich-parlamentarische und demokratische Amt" gerne ausgeübt, obwohl oder vielleicht gerade, weil ihn vieles an den Amtskirchen stört, die manchmal „zu glatte Oberfläche und auch oft eine extreme

Arroganz", zum Beispiel in den Verlautbarungen der „deklarierenden Obrigkeit, die Wirklichkeiten diagnostiziert, die gar nicht mehr zutreffen."

Deshalb hält Härtling das offene Gespräch - auch im kirchlichen Raum - für so wichtig. Und er hat die Hoffnung noch nicht verloren, dass auch in den Kirchen, die heute immer häufiger in Frage gestellt und skeptisch betrachtet werden, Platz ist wie in einer Arche, wenn sich Menschen zusammenfinden mit der Fähigkeit zu neuen Ideen, ohne das Gewachsene über Bord zu werfen.

Noch einmal kommen wir auf den Wanderer zu sprechen. Und als ahnte er, wonach zu fragen mir noch am Herzen liegt, sagt Peter Härtling plötzlich: „Der Wanderer ist ja auch eine große und hintergründige Gestalt der Mystik."

Und nun erzähle ich ihm, dass mir beim Lesen seiner Bücher, ganz besonders aber in seinem Roman ‚Niembsch oder der Stillstand', der Gedanke an die Mystik gekommen sei, wenn es zum Beispiel dort heißt: „... *wie wäre es, wenn die Linie, der Strom, der uns Bängnis einflößt, sich böge zum Kreis, wenn er sich schlösse, wenn wir die Zeit empfänden als eine sich ununterbro-*

chen wiederholende Geste der Natur und aller Wesen, aller Dinge, aller Geschehnisse, die sie einschließt?"

PETER HÄRTLING

Niembsch oder Der Stillstand

Eine Suite

Für Ilse Schädgen

Peter Härtling

MODERNER BUCH-CLUB · DARMSTADT

„Liegt nicht diesem Gedanken des Stillstandes, der Aufhebung der Zeit, eine zutiefst mystische Auffassung zugrunde?", frage ich Peter Härtling. Und er sagt leise: „Ja!" Und noch einmal: „Ja!" Und sehr leise: „Ganz gewiss!". Und er steht auf, geht in den nebenan liegenden Arbeitsraum, holt dort etwas vom Schreibtisch, und mit den Worten „Ich kann Ihnen dazu etwas zeigen", reicht er mir ein Büchlein, so klein wie eine Kinderhand, und mir kommt es so vor, als weihe er mich in ein sehr persönliches Geheimnis ein.

Das Büchlein trägt den Titel ‚Der Kreis' – Variationen über ein Thema; nach Worten von Angelus Silesius. Härtling erklärt mir, die Zeichnungen zu den Versen habe ein schwäbischer Maler 1945 in schottischer Kriegsgefangenschaft angefertigt. Dieser Werner Oberle sei ein Freund des Künstlers Fritz Ruoff gewesen. „1947 hat mir Fritz Ruoff, der mein väterlicher Freund wurde und dem ich sehr viel verdanke, dieses Buch geschenkt. Seitdem begleitet es mich. Es ist eine große Kostbarkeit." Ich finde in diesem Moment keine Worte, bin dankbar und berührt von dem Vertrauen, das ich soeben erfahren habe.

Was Härtling in seinem Roman ‚Niembsch' als sehnsuchtsvolles Ziel beschreibt, den Stillstand, die Befreiung von der Zeit, wenn jemand *„jene Mitte des Kreises, jenen Kern der Ruhe"* erreicht, *„dass auch die Erinnerung, die wir selbst sind und aus der wir schöpfen, von anderer Gestalt sein wird: eine Kugel, in der, eingefaßt, alles sich befindet, was wir waren, was wir erlebten, erhellt, von dem Blitz größter Gnade, der nichts, gar nichts, im Dunkel läßt"*, davon erlebe ich etwas in dieser Begegnung mit Peter Härtling.

Ich nehme es mit auf meinen Weg nach Hause. Zu Hause setze ich mich hin und schreibe ein Gedicht. Ein Widmungsgedicht für Peter Härtling. Es wird Eingang finden in meinen Gedichtband „Nah der Erde".

Ein Buch so klein
wie für Kinderhand gemacht
dem Knaben geschenkt
für den Weg
für einen Anfang
von vielen
nach schwerem Verlust

Es wächst das Kind
wächst die Hand
wächst das Herz

Die Linie biegt sich
zum Kreis

Früh schon
widersagt sich ein Wissen
der Leidensfurcht

Es gibt Worte
zu groß
daß ein Ehrfurchtsvoller
sie in den Mund nähme
ohne Erbeben

Und vom Wunsch
hält er sich frei
denn es wird gegeben
zu seiner Zeit
wann immer
die Linie sich rundet
zum Kreis

   Für Peter Härtling

Peter Härtling ist ein stiller Poet. Die lautstarken Auftritte liebt er nicht. Wenn er sich für Frieden, Gerechtigkeit und Umwelt engagiert, tut er es nicht in spektakulärer Form. Aber seine Sprache ist klar und unmissverständlich.

So formuliert er die Ängste unserer Zeit und beschwört *„die Fähigkeit zum Entwurf, zur veränderten, verändernden Sicht, zum rettenden Satz"*.

Ein Miteinander von Jungen und Alten mit Einfallsreichtum, Wagnis, Hoffnungen für die Zukunft, mit Erfahrung aus gelebter Geschichte - das ist der Traum von Peter Härtling.

Einen neuen Menschentyp wünscht er sich, *„geübt in der Gewaltlosigkeit, trainiert in Friedfertigkeit, anspruchsvoll für den anderen, weniger für sich selbst"*, damit unser Planet für die Kinder von morgen bewohnbar bleibt.

Eine Herausforderung, die noch immer der Bewältigung harrt.

„Wenn wir zusammen noch anfingen?" fragt Peter Härtling - jeden von uns.

Danach

Kaum hat sich der Sturm gelegt um den Streit zwischen den Verlagen Luchterhand und Kiepenheuer & Witsch um das Erscheinen seines neuen Buches, der Novelle „Bozena", da startet Peter Härtung seine Lesetournee, die ihn in knapp drei Monaten durch ganz Deutschland führen wird. Er beginnt in Köln, der Stadt, in der sein neuer Verlag Kiepenheuer & Witsch ansässig ist. In der „Bücherstube am Dom" erwartet man Peter Härtung zur Premiere-Lesung von „Bozena".

Schon vor dem angesetzten Lesebeginn ist der helle, hohe Verkaufsraum dicht besetzt. Der Andrang ist offenbar größer als erwartet, eilig werden noch Stühle herbeigeschafft. Die letzten Besucher finden Platz auf der Treppe zur oberen Verkaufsetage. Peter Härtung tritt an das Stehpult, erzählt zunächst die Vorgeschichte zum Buch.

Vor zwei Jahren sei er von der Universität Olomouc (Olmütz)/ Mähren eingeladen worden. Dieser Einladung sei er mit Freude, aber auch mit Angst gefolgt, denn es würde das erste Mal sein, dass er „sein Kinderland" wieder betrete. Während er von dieser Reise erzählt, lächelt er ins Publikum, gibt sich preis in einer Verletzlichkeit ohnegleichen, spricht vom Schmerz der Erinnerung, von Trauer, von Scheu vor dem Schmerz dessen, der sich ihm als Neffe jener jungen Tschechin zu erkennen gibt, die während des Krieges Sekretärin in der Kanzlei von Härtlings Vater gewesen war. Eine flüchtige Kindererinnerung an diese junge Frau steigt in ihm hoch. Als er mit dem Neffen an dem kleinen, elenden Ort anlangt, an dem die Tante gelebt habe, geächtet und bestraft als Kollaborateurin der Nazis, sei in ihm der Gedanke erwacht, ein Porträt dieser Frau zu schreiben, wie es unendlich viele gegeben habe in Europa, zerrieben zwischen den Fronten, mit Schuld beladen, die nicht die ihre war.

Dann beginnt Härtling. Er liest leise und eindringlich, nuanciert und mit unterstreichender Gestik. „Ihre Geschichte ist meine Geschichte", hat er den Zuhörern erklärt. Und die persönliche Betroffenheit des Autors, seine menschliche Anteilnahme am Schicksal dieser Frau, überträgt sich auf die Hörenden. Es ist still, es ist ein Lauschen hinein in das traurige Leben einer Frau, das sich bei allem Unrecht, das ihr geschieht, aufrecht erhält in der Liebe zu ihrem „Herrn Doktor", dem sie nach seinem Fortgehen Liebesbriefe schreibt, ohne sie jemals abzuschicken. Suggestiv die Passagen, in denen Bozena sich mit ihrem Hündchen unterhält, eine Beziehung, die die Novelle fast leitmotivisch durchzieht: „Ihre Hände brauchen etwas Warmes, Lebendiges, sonst wären sie ihr schon längst abgefallen."

Immer wieder während des Vorlesens schaut Peter Härtling seine Zuhörer an, mit einem Lächeln, dem Trauer untermischt ist. Die Trauer über dieses zerstörte Leben durch „die Gewalt der Geschichte" hat Härtling eine ungeheuer dichte Sprache in die Feder diktiert, getragen von einer selten gewordenen Menschlichkeit, einem Mitgefühl, das niemals ins Sentimentale abrutscht.

Wie sich dies auch auf die angespannt lauschenden annähernd 200 Zuschauer überträgt und bis zum Ende der Lesung anhält, ist ein Zeichen für die Eindringlichkeit und Überzeugungskraft der Novelle. Diese unerhörte Geschichte einer 40 Jahre währenden hoffnungslosen Liebe zu dem Verehrten, der, wie Bozena erst am Ende erfährt, schon lange tot ist - er starb bereits 1948 in russischer Kriegsgefangenschaft.

Das Auf und Ab von Hoffnungen und Ängsten während all der politischen Veränderungen in ihrem Land bis hin zu einer tiefen Resignation, zum völligen Rückzug aus der menschlichen Gesellschaft, zerbrochen wie die Bilder, an die sie sich geklammert hatte. Auf Dubcek hatte sie gesetzt, aber als 20 Jahre später die Revolution wirklich stattfand, konnte sie es nicht mehr glauben. Am Ende bleibt sie allein mit ihrem Hund, dem letzten in einer langen Reihe mit Namen „Moritz".

Als Peter Härtling, bewegt von dem Vorgetragenen, die Lesung beendet, bricht stürmischer, lang anhaltender Applaus hervor, den er dankbar entgegennimmt. Er stehe nun für Fragen zur Verfügung, sagt er. Doch es wollen sich kaum welche einstellen. Als ein Zuhörer auf die Verlagsquerelen anspielt, erklärt er kurz und wehrt dann ab: „Aber das lassen wir jetzt!"

Stattdessen liest er zum Abschluss ein Gedicht von Jan Skácel, das er der Novelle als Motto vorangestellt hat: „Alles gegen uns/Alles wovon wir in der Kindheit träumten/.../selbst die Liebe/Selbst die Liebe wird gegen uns verwendet/.../Und alles Gestrige das kein Übermorgen kennt."

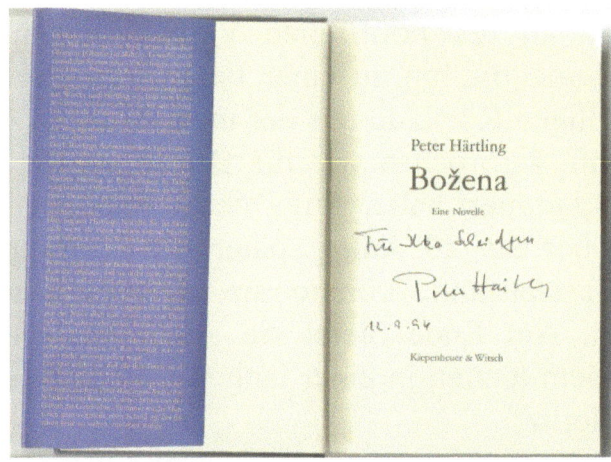

Aktuell

Man möchte es kaum glauben, dass der noch immer irgendwie jugendlich wirkende Schriftsteller Peter Härtling nun schon die achtzig überschritten hat. Mit seinem immensen Schaffen hat er sich im Schreiben einen Jungbrunnen geschaffen.

Denn „das Schreiben ist für mich wie eine aus dem Innern kommende Lebensbewegung", wie er jüngst in einem Interview bekannte, und das zur notwendigen Gewohnheit gewordene Schreiben gehöre für ihn zum Leben wie das Atmen. Ganz ähnlich äußerte sich auch die Lyrikerin Hilde Domin (1909-2006) im Alter: „Schreiben ist wie Atmen. Man stirbt, wenn man es lässt."

Peter Härtling wurden inzwischen weitere wichtige Preise verliehen. So erhielt er 2000 den Eichendorff-Literaturpreis. 2001 wurde ihm der Sonderpreis des Deutschen Jugendliteraturpreises für sein kinderliterarisches Gesamtwerk und 2003 der Deutsche Bücherpreis für sein literarisches Gesamtwerk verliehen. 2014 erhielt er den

Hessischen Kulturpreis und 2015 den Elisabeth-Langgässer-Literaturpreis.

1994 verlieh ihm das Land Baden-Württemberg den Professorentitel, 1995 erhielt er das Große Bundesverdienstkreuz.

Inzwischen kann Härtling seine empathischen Gefühle schon auf seine Enkel übertragen. So erschien zu seinem 80. Geburtstag nicht nur ein neuer Erzählband „Tage mit Echo", sondern auch ein Kinderbuch „Hallo Opa, - Liebe Mirjam", das - dem Leben abgelauscht – von dem bewegenden Gespräch in Form von Mails zwischen Großvater und Enkelin erzählt.

Hier ist Peter Härtling, der gerne auch ein bisschen altmodisch daherkommt, voll auf der Höhe der Zeit. Die Vorlieben heutiger Jugendlicher (Facebook und co.), ihren Eigensinn, ihre Renitenz – das wird liebenswert und komisch in wechselseitigen Mails besprochen. Dass Härtlings Kinderbücher längst zu Klassikern geworden und noch immer gemocht werden, ist sicher seiner Ehrlichkeit zu verdanken. Er will nicht erziehen, gar umerziehen, nur einen menschlichen Umgang miteinander aufzeigen. Auch Erinnern hält Härtling deshalb für sehr wichtig.

Erinnern bedeutet für ihn, der Zeit zu entfliehen, aber auch ihr vorauszueilen in Träumen und Utopien von einer friedlicheren, gerechteren Welt.

„Ich kann keine Paradiese schildern", sagt er. „Die haben wir alle im Laufe von wenigen Weltsekunden verraten, vergessen." In der Dichtung, in der Kunst, in mutigen Entwürfen für eine lebbarere Welt liegt für ihn trotz allem eine Chance, „in Erinnerung zu rufen, was wir sein könnten, woher wir kommen und was wir vertan haben."

Wie Liebesgedichte könnte man seine Biografien über Künstler (Hölderlin, Lenau, Schubert, Schumann, Fanny Mendelssohn) lesen. Auf seine ganz einmalige Art erweckt Härtling mit einer Mischung von Historie und empathischer Nachempfindung seine Protagonisten zum Leben. So auch in seinem Band mit zwei Erzählungen „Tage mit Echo", die beide wie ganz oft bei Peter Härtling autobiografisch fundiert sind.

In der ersten erschafft er sich in dem Schauspieler und Rezitator Brodbeck ein alter Ego, das auf seinen ausgedehnten und strapaziösen Lesereisen aus lauter „letzten" Werken von Autoren vorliest, „weil es wunderbare Abschiede sind". Wer hörte da nicht die für Härtling so kennzeichnende melancholische Note heraus, aber auch seinen feinen Humor. In der zweiten Erzählung wandert er quasi als „Kopfwanderer" mit dem unglaublich früh und reich begabten Künstler der Romantik Carl Philpp Fohr zuerst durch die Heimat um Heidelberg und den Odenwald, und dann bis nach Rom, wo dieser schon mit 22 Jahren ein alles in sich vereinendes Bild mit Porträts seiner Künstlerkollegen als Riesengemälde schaffen möchte. Es bleibt unvollendet. Fohr ertrinkt beim Baden im Tiber.

Das sind genau die Art Schicksale oder Biografien, die Härtling zeitlebens im Schreiben selbst nacherlebt und den Leser hautnah nacherleben lässt. Dabei ist es immer dieser unvergleichliche innige, zu Herzen gehende Härtling-Sound, der seine Leser, ob jung oder alt, gefangen nimmt.

Der Kritiker Marcel Reich-Ranicki (1920-2013) hatte Peter Härtling bei der Vergabe des Hölderlin-Preises (1987) folgendermaßen gelobt: „Härtling hat sich die Sache der Literatur wie kaum ein anderer Zeitgenosse zu eigen gemacht."

Dreißig Jahre später kann man dieses Urteil ganz entschieden bestätigen.

Pressestimmen
zu Ilka Scheidgens Autorenporträts

Die Autorin Ilka Scheidgen hat ein Talent, über das nur wenige Schriftsteller verfügen: Sie ist nicht „nur" Lyrikerin und Romanautorin, sondern auch eine gute Gesprächspartnerin, die sich anders als viele andere Autoren auch für das Leben ihrer schreibenden Kollegen interessiert. Unermüdlich war sie in den letzten Jahren unterwegs, um sich mit Günter Grass, Peter Härtling, Herta Müller, Peter Rühmkorf, Dorothee Solle, Arnold Stadler, Carola Stern, Martin Walser, Gabriele Wohmann und Eva Zeller in deren privaten Umfeld über Kernthemen der Literatur zu unterhalten. Dabei herausgekommen ist keinesfalls die Printversion dessen, was Fernsehzuschauer aus zahlreichen Talkshows schon kennen, in denen der Autor als Unterhaltungsware zugerichtet wird, sondern ein sehr persönliches Buch, das intime Einblicke in Leben und Werk der jeweiligen Dichter gewährt.

Möglich wurde dies, weil Ilka Scheidgen mit ihren Gesprächspartnern keinen journalistischen Fragekatalog abarbeitet, sondern weil sie sich ihnen gewissermaßen mit literarischer Sensibilität nähert. Das beginnt bereits mit der Anreise. Der Blick von außen auf die jeweiligen Wohnstätten der Schriftsteller, auf Einrichtungsgegenstände, auf die Art des Auftretens der Protagonisten, ja selbst auf deren Kleidung sowie die genaue Betrachtung des Umfelds, in dem sie ihrem Schreiben nachgehen, hat bei Scheidgen keinesfalls etwas Voyeuristisches, sondern gehört bereits mit zur Darstellung der Autoren.

Auch geben die einzelnen Texte nicht den exakten Dialog des jeweiligen „Fünfuhrgesprächs" wider, sondern die Autorin versteht es, diesen geschickt mit weiteren Zitaten, mit Hintergrundwissen und kleineren Exkursen zu einem komprimierten, aber sehr essenziellen Porträt zu „verdichten". Nicht das nette Geplauder steht im Vordergrund, sondern es geht medias in res um die wichtigsten Themen des Menschseins, also - wie es im Kapitel über Gabriele Wohmann heißt - „um die Frage nach dem Sinn des Lebens. Um Liebe, Leiden, Sterben, Tod, Gott und Glauben, Trost, Glück und Vergänglichkeit."

Durch ihre behutsame Art gelingt es Scheidgen dabei, dass die Autoren selbst bei heiklen Fragen, wie etwa der nach dem Glauben, nicht gleich verstummen, sondern sich einlassen, ihren Befürchtungen und Hoffnungen Ausdruck verleihen.

Und natürlich geht es um die Sprache, in der die Autoren jeder auf seine Weise diese Themen zur Darstellung bringen. So gelingt es beispielsweise, Günter Grass - den wortgewaltigen Romancier, den sich in öffentliche Debatten Einmischenden - auf einmal wieder als Lyriker ins Bewusstsein zu rufen, dessen epische Manuskripte nicht selten in Gedichten gründen. Grass gibt Scheidgen gegenüber denn auch zu, dass er selbst ein bisschen traurig darüber sei, dass diese Seite an ihm kaum mehr Beachtung finde.

Als geradezu emphatisch erweist sich Arnold Stadlers Bekenntnis, dass er die Sprache als nichts Selbstverständliches, sondern als etwas Staunenswertes und Wunderbares begreift, und Martin Walser verteidigt gar die Intentionslosigkeit in der Literatur: „Eine Absicht, selbst wenn man sie hätte, nützt nichts. Eine Absicht produziert überhaupt keine Sprache."

Absichtslos hat sich denn auch Ilka Scheidgen ihren schriftstellernden Kollegen genähert, die daher auch nicht nach einer vermeintlichen Wertigkeit, sondern einzig alphabetisch geordnet im Buch auftreten. So entstanden gelungene Autorenporträts, die nicht nur informativ, sondern durch ihr hohes Maß an sprachlicher Reflexion auch sehr lesenswert sind.

Michael Thalken in Kölner Stadt Anzeiger

Manchen Büchern gelingt es, den Leser mit zauberhafter Leichtigkeit in die geheimnisvolle Welt der Schriftsteller zu entführen. So etwa das neue Buch von Ilka Scheidgen, das den Titel „Fünfuhrgespräche" trägt. Zehn Autorenporträts „entstanden auf der Basis persönlicher Gespräche", wie Scheidgen im Vorwort erklärt, finden sich in dem Buch. Gespräche, die bei den Autoren und Autorinnen zu Hause stattfanden und von den „lebenswichtigen Dingen handeln: von Liebe und Tod, Gott und Welt, Schmerz und Glück".

Die Liste der porträtierten Autoren ist interessant und beeindruckend. Immerhin war Ilka Scheidgen, die für ihr unlängst veröffentlichtes Buch über Hilde Domin zu recht viel Medienaufmerksamkeit bekam, unter anderem zu Gast bei Günter Grass, Martin Walser, Arnold Stadler, Peter Härtling, Peter Rühmkorf und Gabriele Wohmann. Leute, die nicht nur schreiben können, sondern auch etwas zu sagen haben. Zumal über den latenten Zusammenhang vom Glauben an einen Schöpfer und das Erleben des eigenen schöpferischen Potenzials. Mit all den dazugehörigen Grenzen und Erschütterungen.

Ilka Scheidgen hat es mit ihren „Fünfuhrgesprächen" geschafft, das Ewig-Unsagbare der Schriftsteller-Existenz wieder ein bisschen sagbarer und wahrer auszudrücken.

Stefan Meetschen in Die Tagespost

Die zeitgenössische Literatur . ist ein Land der Überraschungen. Ilka Scheidgen geht auf Entdeckungsreise in diesem Land. Ihre Autorenporträts stützen sich auf Gespräche mit den Schriftstellern und auf eingehende Werkstudien. Sensibel beschreibt sie den metaphysischen Hunger der zeitgenössischen Literatur, ihre hartnäckige Antwortsuche, die oft zu paradoxen Glaubenseinsichten führt.

Passauer Neue Presse

Außer unterwegs zu sein zu eigenen Texten in Lyrik, Prosa und Essay war Ilka Scheidgen seit mehr als zwanzig Jahren auch immer wieder abwesend vom Schreibtisch - hin zu

Autorinnen und Autoren der Gegenwart. Diese Besuche haben eine entsprechend reiche Ernte eingetragen als Niederschlag in Form von Portraits. – **Der Literat** -

Ich bewundere Ihre Art, wie Sie einen Autor bzw. eine Autorin in der Beschreibung erfassen und lebendig machen. Vor allem in ihren eigenen Texten lassen Sie sie zu Wort kommen. Und wie gut, dass Sie Ihre persönlichen Begegnungen und Gespräche einbringen können.
Hans Bender, langjähriger Herausgeber der Literaturzeitschrift „Akzente"

Weitere Bücher aus dieser Reihe:

In seiner "Danziger Trilogie" gestaltete Günter Grass in den Biografien seiner Protagonisten eine als heillos erfahrene Welt, die nur durch das Künstlertum ertragen werden kann.

Günter Grass, der seine Frankfurter Poetiklesung 1990 unter das Motto "Schreiben nach Auschwitz" stellte, hat sein poetologisches Credo verwirklicht, dass der Schriftsteller die Vergangenheit nicht ruhen lassen und sich als Zeitgenosse nicht verkapseln dürfe, sondern sich den Wechselfällen der Zeit aussetzen, sich einmischen und Partei ergreifen müsse.

Ebenso geht es der Schriftstellerin Herta Müller. Auch sie prangert die menschenverachtenden Methoden einer Diktatur in Prosa und Gedichten an. "Meine Überzeugung ist, dass Literatur insgesamt aus Beschädigungen besteht", erzählt sie im Gespräch mit Ilka Scheidgen.

Mit beiden Autoren konnte Ilka Scheidgen ausführliche Gespräche führen. Dieser Band mit den Porträts des Literaturnobelpreisträgers Günter Grass von 1999 und Herta Müller, der Nobelpreisträgerin für Literatur von 2009, vermittelt nicht nur einen lebendigen Eindruck zweier wichtiger Schriftsteller der neueren Literatur- und Zeitgeschichte, sondern vergegenwärtigt, warum gute Literatur notwendig ist zum Leben.

Ilka Scheidgen

Zu Besuch bei Peter Rühmkorf und Dorothee Sölle

Der Lyriker und Essayist Peter Rühmkorf und die Dichterin und Theologin Dorothee Sölle, beide Jahrgang 1929, wuchsen in die unselige Zeit des Nationalsozialismus hinein. Ihre Sinne wurden schon früh geschärft für die Wahrnehmung von Ungerechtigkeit und Unterdrückung, politischem Fanatismus und rechtem Gedankengut.

Beide engagierten sich in den sechziger Jahren in der Friedens- und Umweltpolitik. Dorothee Sölle gründete mit Mitstreitern in ihrer Geburtsstadt Köln das "politische Nachtgebet".

Engagement für Menschenrechte und Solidarität mit den Schwachen waren für Peter Rühmkorf und Dorothee Sölle lebensnotwendiges "Integral". Für Dorothee Sölle bedeutete dies zusätzlich praktische Christusnachfolge.

Utopisten sind beide zeitlebens gewesen. Sie wollten nicht aufgeben, an das Gute im Menschen zu glauben, an eine geschwisterliche Welt, die die Schöpfung nicht zugrunde richtet.

Es lohnt sich - heute vielleicht noch mehr als zu ihren Lebzeiten - auf die Botschaft dieser beiden unerschrockenen Mahner zu hören.

© Ilka Scheidgen

Ilka Scheidgen schreibt Lyrik, Romane, Erzählungen, Essays, Rezensionen und Autorenporträts. Sie hat sich als Schriftstellerin und Publizistin in vielfacher Weise einen Namen gemacht.

Sie hat zwei vielbeachtete Biografien geschrieben: über Hilde Domin und Gabriele Wohmann.

2002 wurde sie für ihr literarisches Werk mit dem Kulturpreis des Kreises Euskirchen ausgezeichnet.
Homepage der Autorin:
www.ilka-scheidgen.de